AF258049

L'AUTRE RADICALISME

L'AUTRE RADICALISME

PAR  UN DÉPUTÉ

PARIS

VICTOR PALMÉ, LIBRAIRE-ÉDITEUR

25, RUE GRENELLE-SAINT-GERMAIN, 25

LE MANS

TYPOGRAPHIE EDMOND MONNOYER

1875

L'AUTRE RADICALISME

Guerre aux chrétientés, guerre sans quartier :
devise du Radicalisme.

Fusilleur de prêtres, sanglant despote ayant pour
but l'extirpation de l'œuvre de Dieu, c'est-à-dire
de toute société chrétienne, tel est ce cruel flatteur
des basses passions de ses prédicants et de la nation
des dupes.

Sa laideur, comme celle de sa cause, il la connaît ;
mais quel charme puissant ! Il a le prestige des mots :
*Éducation morale, réformatrice et transformatrice
des sociétés*, voilà sa solennelle déclaration.

Aussi quel empire il a sur les siens, et quelle
importance il leur donne (1) ! Comme il les érige en
inspecteurs, en juge des gouvernements ; et comme il

____

(1) Qu'on lise les lettres de Mazzini à la jeunesse italienne.

les investit du droit de renverser et de détruire, de faire eux-mêmes ce que les autres ne savent pas faire : *Ite, delete omnes gentes !* Bouffonne caricature.

Voyez son œuvre en Italie : faim et misère des populations. Grâce au régime piémontais, chaque peuple a sa tour d'Ugolin.

Et quelle ruse d'autre part ! Il prêche le système d'élection : et pour renverser le seul Souverain élu (1), il s'allie à l'hérédité, au droit divin, au despotisme dans la personne d'un roi spoliateur, dans celle d'un empereur et dans celle d'un czar.

Qu'est-ce donc que ces grandes maisons à grand faste dont les Princes se font les fantassins du Radicalisme ?

Eh bien ! nous, nous sommes plus que cela, et de beaucoup : nous sommes la *Maison Princière du Très-Haut ;* et malheur à qui des rois serait tenté d'y répandre la terreur ou le sang !

Nous n'avons en vue ni d'attaquer ici les lois qui régissent notre économie politique : liberté de la presse, liberté des cultes, souveraineté populaire, suffrage universel, parlementarisme, enfin tout ce qui concerne ce qu'on appelle les glorieuses conquêtes de

(1) Le Pape.

la Révolution ; ni *à fortiori* de descendre au détail, et d'imprimer un cachet de honte — l'opinion publique s'en charge et s'en acquitte — sur la Babel des droites en face de l'habile stratégie des gauches; tout ceci n'est que secondaire dans le plan de ce court exposé. Notre but est de prendre nos considérations dans l'ordre plus élevé des principes et des faits généraux où la vérité apparaît toujours plus dégagée et partant plus simple et plus convaincante : seul vrai moyen ici d'éclairer promptement et vivement les esprits sur les *véritables* intérêts politiques et religieux de la France.

On l'a dit, et il faut le redire en toutes circonstances : la cause la plus capitale de tous nos maux, c'est l'athéisme de la politique radicale. Inexplicable phénomène ! la France vit aujourd'hui sur ce principe de mort qui fait et mène l'ordre moral actuel ; d'où le rôle grotesque et honteux qu'on lui fait jouer à la face du monde.

L'expérience jusqu'ici n'y fait rien. Nous préserve le ciel d'un pire état ! Il y a en France, à l'heure qu'il est, des existences fatales avec lesquelles, si on leur cède, nous descendons forcément au dernier degré d'abjection.

Le Radicalisme, athée par essence, devient le Bestialisme ; et il fait la guerre — moins contre le

règne des rois que contre le règne des peuples aux-
quels il substitue présentement, en certaines parties
du globe, un règne de bêtes humaines. Là il ne sort
pas un enfant du ventre de sa mère qui ne soit ennemi
né de tout ordre social.

L'œuvre de *dissolution* s'avance : nécessité de plus
en plus pressante du règne *seul social* de notre
Maître d'en haut.

1° Dans cette situation ne désespérons pas : nous
verrons la gloire du Seigneur, *et surget redivivum
cadaver.*

En face de la France voltairienne qui nous perd, il
y a la France chrétienne — notre France, à nous —
qui s'améliore et se refait, active, puissante, pleine de
vie et d'espérance. Ce travail de restauration, ah! surtout, faisons-le sur nous-mêmes, en devenant aussi
meilleurs et plus forts.

Et espérons !

Notre siècle, malgré ses jongleries politiques anti-
sociales, n'a nulle prise sur les esprits droits et
sensés : voilà que des rangs mêmes de nos adversaires,
se lèvent des penseurs savants faisant justice des
systèmes qui nous trompent. Quels livres chauds et
condensés! on dirait d'une sorte d'électricité spirituelle
qui sans cesse amasse et réunit tous les éléments de

la pensée ; car tout livre n'a de vie et d'éclat que sous le reflet divin du *Vrai* éternel.

Au Dieu-Vérité donc, tous les hommages de la science et de la sagesse ! Messieurs les très-hauts professeurs du très-haut enseignement ne l'entendent pas toujours ainsi : nation superbe toisant Dieu dans son orgueil ; sale gloriole de singes !

Quel contraste de noblesse et d'abaissement ! la France chrétienne demeure toujours digne et pleine de vie ; la France politique se démène dans le vide, et se travaille dans le déshonneur, ayant le vivre tel que le mourir vaut mieux.

Qu'adviendra-t-il ? ceci est caché à nos yeux.

Notre siècle — siècle emporté, où tous doivent s'attendre à être broyés par les événements, sauf la race royale et toujours triomphante des martyrs.

En dépit du réseau maçonnique, toujours il y aura par le monde une imposante milice chrétienne, en France principalement. Aussi la France, comme l'Église sa mère, demeure-t-elle inexterminable : aucune blessure ne lui est mortelle ; et elle survit à tous ses désastres, selon la profonde réflexion de Charles-Quint.

« Nous en avons confiance, s'écrie un illustre prélat, l'une des plus hautes lumières du Concile du Vatican (1),

(1) Mgr Mermillod.

notre siècle ne s'achèvera pas sans saluer l'aurore
d'un seul bercail sous un seul pasteur. » C'est une ma-
gnifique espérance.

Tel est pourtant, il faut le dire, le péril actuel et
universel de toutes les civilisations du globe, que le
monde ne peut être sauvé que par un miracle. Eh
bien ! ce miracle, nous l'attendons : et que ce mot
n'excite pas un vilain rire. Tous, croyants et incroyants,
est-ce que nous ne sommes pas enfants du miracle?
Constatons-le dans la lumière de la vérité, n'en
déplaise aux cinq Académies de l'*Institut Républi-
cain*, comme on l'appelle aujourd'hui ; oui, le monde
moderne est né d'un miracle ; son existence repose
toute sur la foi à la *résurrection d'un mort* ; et sa
civilisation a pour piédestal *un tombeau.*

Vous avez beau tergiverser, vous surtout, Messieurs
de l'Institut, votre origine, sauf celle de l'honorable
M. Littré, votre origine et la nôtre, votre ère et la
nôtre sont les mêmes. Le monde appartient à la
Croix : c'est au pied de la Croix que naît la Civilisation
chrétienne ; et c'est sous l'étendard de la Croix qu'elle
accomplira ses destinées.

Il ne faut donc pas croire, sous l'illusion ou sous
l'inspiration de la haine, que le Catholicisme soit en
déclin. Supposer que l'Église décline, alors que Pie IX
souffre persécution pour la justice, c'est d'ailleurs une

absurde façon de voir. Jésus est-il en déclin quand il monte au Calvaire? Le chemin de la Croix n'est-il plus le royal chemin des forts au bout duquel les cœurs reçoivent la vie, et les fronts la couronne? La Croix a-t-elle été la fin du Dieu Sauveur? Donc pas davantage, la croix du Pape Sauveur.

Ah! le Christianisme n'est pas en déclin; mais il est en progrès vers une phase nouvelle, résultat prochain de la grande unité qui s'opère pour l'éclosion du monde nouveau.

Nous sommes tous sous la main du Tout-Puissant: souverains spoliateurs, gouvernements persécuteurs, peuples plus ou moins opprimés, nous sommes la chrysalide monstrueuse d'où sortira la création nouvelle.

Notre système planétaire moral subit une transformation; et la France en sera encore le soleil. Rien à présent que comètes échevelées et météores sinistres. Place enfin aux planètes régulières et salutairement influentes : constellation qui déjà se lève éblouissante et se mêle à une immense aurore : J.-C. !

2° C'est l'heure du réveil : il est temps d'agir ; toutefois il n'est pas question ici d'un coup d'État, mais d'un coup du ciel, coup de la grâce.

L'humanité ne renaît à la vie que dans et par

l'Église. Les faibles ici sont les forts ; les derniers sont les premiers. L'Esprit détruit, mais il réédifie : il faut sur une terre pure des cœurs nouveaux afin d'attirer le ciel et de faire place à Dieu.

Le suprême *Libérateur*, le royal vainqueur des tyrans, c'est le Christ. Honneur au Conquérant qui ramène libres toutes les captivités !

Oui, il se prépare une conquête unique dans l'histoire : tous les cœurs ayant foi, espérance, amour, s'enrôlent pour la grande croisade de la pacification chrétienne.

A quoi bon ici la politique ?

Régénérer la France, disent les uns, c'est assurer à l'Église ses libertés, c'est remettre en vigueur les lois protectrices de tout enseignement religieux, c'est favoriser les œuvres de propagande et de charité, empêcher la diffusion des doctrines subversives et réprimer les mauvaises mœurs, etc. — Beau rêve d'un incurable leurré par l'espoir de sa guérison.

D'autres remontent au principe : pour régénérer, disent-ils, la société, il faut la délivrer des soi-disant glorieuses conquêtes et immortels principes de 89. Il est trop tard : on ne se délivre pas d'un déluge.

Ce qu'il faut, c'est le granit de l'antique monarchie basée sur des principes inattaquables. Ainsi disent les vieux Nestors de l'autre âge toujours attirés vers l'idéal du passé. — *Sunt verba et voces* : est-ce qu'on revient à la jeunesse ?

La question est toute autre. Elle est extrême ; et le dilemme est pressant : ou l'un ou l'autre Radicalisme ; ou servitude, ou liberté ; ou vivre, ou mourir. Personnifiez : ou *Henri V* ou *César* (1).

Ici ne nous trompons pas : Henri V n'est pas un principe ; il n'est qu'une conséquence tenant à un principe vivant supérieur à tout autre. Sous cet aspect, oui, en dépit de toutes les calomnies, Henri V est le sauveur de la France maintenant soumise à de rudes épreuves, parce que le Ciel a de grands desseins sur elle. Et c'est ici pour cette France toujours prédestinée, le vrai point de vue de son avenir : dans ce plan salutaire vraiment divin, Henri V apparaît comme l'auguste et vivant corollaire de notre *Royale Nation* destinée à renouer la chaîne des hautes traditions, à replacer en tête de sa constitution, quelle qu'elle puisse devenir, l'affirmation des droits de Dieu, et à vivifier par la pensée religieuse ses codes et son enseignement public. Henri V, au temps voulu et à sa place, c'est le vrai chef de la Nation, seul capable de

(1) Telle est pourtant ici la force des choses — comme on le voit par ce qui suit — que les Radicaux n'ont pas ici leur libre choix, comme les Juifs l'avaient entre le Christ et Barabbas, entre le Roi des rois et le *chef de l'abîme* ; le mot *Barabbas* ayant cette signification remarquable, comme je le tiens d'un Rabbin converti.

la remettre dans ses voies, et d'arrêter ses perpétuelles oscillations entre le Césarisme et l'Anarchie, ces deux formes honteuses des décadences païennes; c'est le seul Prince qui, malgré toutes les préventions et les erreurs, puisse ramener parmi nous justice, honneur et toutes vraies libertés. C'est enfin le seul *pouvoir* en état de fermer les plaies de la patrie et de présider à ses sublimes destinées, selon l'esprit des institutions politiques, conformes aux besoins du temps. Il est le droit : car il est l'ordre, la réforme, le gouvernement juste, paternel, réparateur du passé, préparateur de l'avenir. Il est l'épée de la France, l'autorité toujours intègre, comme étant vierge de jalousie, de vengeance et d'ambition, hormis celle de sauver la France en y rétablissant religion, concorde et sécurité.

L'objet non-seulement des vœux de toute la France chrétienne, c'est-à-dire de trente millions de Français, mais aussi de l'attente universelle du monde catholique — le voilà. C'est bien au monde le Prince le plus magnanime comme le plus illustre et le plus digne, non parce qu'il mettra son épée au service du Pape, mais bien parce que laissant là l'épée de François Ier et de Louis XIV, il aspirera à n'être, comme saint Louis, que le premier sous-officier de la milice divine; et parce qu'il sait qu'en cette qualité, son office est d'assister son Pape-Roi dans le grand œuvre conduit par le Prince de la paix. Or cet œuvre, couronnement du Christianisme, c'est la pacification de toute la terre dans la triomphante unité de l'Église.

Il faut le porter à la connaissance de toutes les nations de la terre :

Le *Pape-Roi* et la *Reine Vierge-Mère*, voilà la seule Monarchie Catholique, hors laquelle point de salut social. Principe inexorable, essentiellement divin. Donc, hommage à ces deux Chefs de la Chrétienté, couple spirituel, couple auguste d'où sort l'immortelle et innombrable génération des Élus, grande et sociale famille de la maison de ce Roi d'en haut que nous autres nous adorons.

Concluons :

Loyal concours de toute saine politique — quelle qu'en soit la couleur — contre la politique radicale.

Paris, 8 juillet 1875.

Le Mans. — Typ. Edmond Monnoyer. — Juillet 1875.